AF450508

1886

Calendrier Parisien

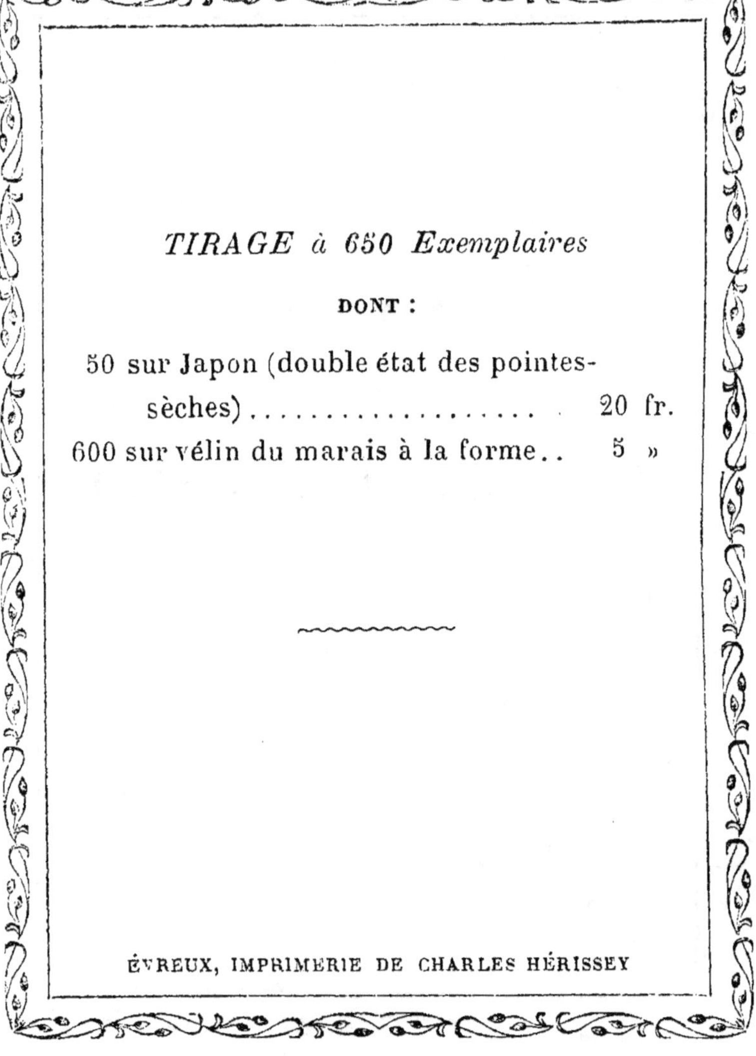

ÉVREUX, IMPRIMERIE DE CHARLES HÉRISSEY

1886

‑‑‑

CALENDRIER
Parisien

Douze sonnets, d'ERN. d'HERVILLY
Et treize pointes-sèches, de H. BOUTET.

PARIS
LIBRAIRIE L. CONQUET
5, *rue Drouot*, 5.

2

JANVIER

1	vendredi	CIRCONCISION	
2	samedi	s. Basile	
3	Dimanche	sᵒ Geneviève	
4	lundi	s. Rigobert	
5	mardi	sᵒ Emilie	N. L.
6	mercredi	ÉPIPHANIE	
7	jeudi	s. Théodore	
8	vendredi	s. Lucien	
9	samedi	s. Julien	
10	Dimanche	s. Paul. ermite	
11	lundi	sᵒ Hortense	
12	mardi	s. Arca	
13	mercredi	Bap. de N.-S.	P. Q.
14	jeudi	s. Hilaire	
15	vendredi	s. Maur	
16	samedi	s. Guillaume	
17	Dimanche	s. Antoine	
18	lundi	Ch. s. à P.	
19	mardi	s. Sulpice	
20	mercredi	s Sébastien	P. L.
21	jeudi	sᵘ Agnès	
22	vendredi	s. Vincent	
23	samedi	s. Ildefonse	
24	Dimanche	s. Babylas	
25	lundi	Conv. s. Paul	
26	mardi	sᵒ Paule	
27	mercredi	sᵉ Angélique	D. Q.
28	jeudi	s. Charlemagne	
29	vendredi	s. François de S.	
30	samedi	sᵒ Savine	
31	Dimanche	sᵉ Marcelle	

PENDANT CE MOIS

Les jours croissent de 1 heure 4 minutes.

ÉTRENNES

Trente-un Décembre, accord parfait !
La Saint-Sylvestre est toute rose,
Et, madame, en rêvant, se pose
Le problème d'Hugo, qu'on sait :

— « Oh ! Demain. c'est la grande chose !
« De quoi demain sera-t-il fait ?
« Aujourd'hui Dieu sème la cause,
« Demain fera mûrir l'effet. »

Et Demain vient. o jeune femme ;
Et, dans l'ombre. une chère main
A mis ce qu'apporte Demain.

Ouvrez — (pas besoin d'un Sésame)
Cet écrin parfumé charmant
L'Etrenne est faite en diamant.

FÉVRIER

1	lundi	s. Ignace	
2	mardi	PURIFICATION	
3	mercredi	s. Blaise	
4	jeudi	s. Gilbert	N. L.
5	vendredi	s⁰ Agathe	
6	samedi	s. Amand	
7	Dimanche	s. Romuald	
8	lundi	s. Jean, martyre	
9	mardi	s⁰ Appolline	
10	mercredi	s⁰ Scholastique	
11	jeudi	s. Sever	
12	vendredi	s⁰ Eulalie	P. Q.
13	samedi	s. Lezin	
14	Dimanche	s. Valentin	
15	lundi	se Georgina	
16	mardi	s. Elie	
17	mercredi	s. Théodule	
18	jeudi	s. Siméon	P. L.
19	vendredi	s. Gabin	
20	samedi	s. Eucher	
21	Dimanche	*Septuagésime*	
22	lundi	s⁰ Isabelle	
23	mardi	s. Milburge	
24	mercredi	s. Mathias	D. Q.
25	jeudi	s. Victor	
26	vendredi	s. Nestor	
27	samedi	s⁰ Honorine	
28	Dimanche	*Sexagésime*	

PENDANT CE MOIS

Les jours croissent de 1 heure 4 minutes.

Nombre d'Or, 6. Epacte XXV.

Cycle solaire 19. Indiction romaine 14.

Lettre dominicale, C.

CARNAVAL

Le Carnaval glapit ses chansons discordantes ;
On fait des crêpes chez les pauvres gens, — tandis
Que les Restaurateurs peuplent leur Paradis
D'écrevisses luisant sous des pourpres ardentes.

Les sages, tout à coup, sont abolis, défunts :
Rien que des fous dansant dans l'air peu diaphane
Des bals vertigineux, où flottent des parfums
Bizarres : Roses, punch, musc, Botot, colophane

Ohé de l'Institut et de Laënsberg l'espoir !
Astronomes ! vieux fils de Minerve casquée,
Lâchez le télescope et suivez-nous ce soir ;

Nous allons vous montrer (rien à payer pour voir)
Les yeux mystérieux d'une femme masquée,
Ces étoiles de chair d'un ciel de velours noir.

1	lundi	s. Aubin	
2	mardi	s. Simplice	
3	mercredi	s⁰ Cunégonde	
4	jeudi	s. Casimir	
5	vendredi	s. Adrien	N. L.
6	samedi	s⁰ Colette	
7	Dimanche	*Quinquagésime*	
8	lundi	s. Jean de Dieu	
9	mardi	*Mardi-Gras*	
10	mercredi	CENDRES	
11	jeudi	s. Firmin	
12	vendredi	s. Grégoire	
13	samedi	sᵉ Euphrosine	P. Q.
14	Dimanche	*Quadragésime*	
15	lundi	s. Zacharie	
16	mardi	s. Cyriaque	
17	mercredi	*Quatre-Temps*	
18	jeudi	s. Alexandre	
19	vendredi	s. Joseph	
20	samedi	s. Joachim	P. L.
21	Dimanche	*Reminiscere*	
22	lundi	s⁰ Epaphra.	
23	mardi	s. Victorien	
24	mercredi	s. Siméon, m.	
25	jeudi	ANNONCIATION	
26	vendredi	s. Luger	
27	samedi	s. Rupert	D. Q.
28	Dimanche	*Oculi*	
29	lundi	s. Frisque	
30	mardi	s. Cyrille	
31	mercredi	sᵉ Balbine	

PENDANT CE MOIS

Les jours croissent de 1 heure 48 minutes.

CARÊME

On est pieuse tout en restant très mondaine.
L'Eglise ayant gémi: « Poussière, souviens-toi !...
En robe simple, avec une ferveur soudaine,
Aux sermons à la mode on va montrer sa foi.

— « Seigneur, je me repens; si j'en ai quelque peine,
« C'est que mon couturier avait conçu pour moi,
« Une toilette exquise, — en ce temps saint bien vaine!..
« Je vous la sacrifie et je suis votre loi.

« Hélas ! — Vendredi bal ne danseras. — Carême.
« Et, cependant, c'était un bal de charité,
« Mon bon ange ! et l'on eût pour les pauvres sauté. »

« Alors, dansez !.. murmure en sa douceur extrême
« Un Chérubin ailé comme un gros papillon,
« Nous autorisons même un petit Cotillon.

AVRIL

1	jeudi	s. Valérie	
2	vendredi	s. François de P.	
3	samedi	s. Richard	
4	Dimanche	*Lætare*	N. L.
5	lundi	s. Prudent	
6	mardi	s. Célestin	
7	mercredi	s. Clotaire	
8	jeudi	s. Edèze	
9	vendredi	s. Eudes	
10	samedi	s. Fulbert	
11	Dimanche	Passion	P. Q.
12	lundi	s. Jules	
13	mardi	s Justin	
14	mercredi	s. Tiburce	
15	jeudi	s. Paterne	
16	vendredi	s. Lambert	
17	samedi	s. Anicet	
18	Dimanche	Rameaux	P. L.
19	lundi	s. Timon	
20	mardi	s. Marc, évangél.	
21	mercredi	s. Anselme	
22	jeudi	s. Théod.	
23	vendredi	*Vendredi-Saint*	
24	samedi	s. Léger	
25	Dimanche	PAQUES	
26	lundi	s. Clet. pape	D. Q.
27	mardi	s. Polycarpe	
28	mercredi	s. Vital	
29	jeudi	s. Robert	
30	vendredi	s. Eutrope	

PENDANT CE MOIS

Les jours croissent de 1 heure 40 minutes.

PAQUES

Le Progrès a couvé l'OEuf-de-Pâques, sans doute,
Car voilà qu'il devient aussi gros qu'un melon,
Et c'est une rançon royale qu'il nous coûte !
Mais cet OEuf de high life *a sa place au salon.*

Ce n'est plus seulement à des bébés qu'on l'offre :
Madame tend aussi sa main couleur de lys.
Bref, Pâques à présent, pour mettre à sec un coffre,
C'est un second Noël, c'est un Jour de l'An bis.

Pauvre OEuf dur d'autrefois, OEuf aux rouges
    coquilles,
Qui te présente encore, hélas, vieil OEuf de peu.
Est reçu comme un chien au sein d'un jeu de quilles

Et déjà, l'on préfère infiniment (parbleu !)
Chez Josse, orfèvre, ou chez le grand bonbonnier
    Jacques,
A la Poule aux OEufs d'or, la Poule aux OEufs
    de Pâques.

4

1	samedi	s. Jacques	
2	Dimanche	*Quasimodo*	
3	lundi	Inv. de la s^e Croix	
4	mardi	s^o Monique	N. L.
5	mercredi	Cn s. Augustin	
6	jeudi	s. Jean P.-Latine	
7	vendredi	s. Stanislas	
8	samedi	s. Désiré	
9	Dimanche	s. Grégoire	
10	lundi	s. Antonin	
11	mardi	s. Mamert	P. Q.
12	mercredi	s^e Flavie	
13	jeudi	s. Gervais	
14	vendredi	s. Gons.	
15	samedi	s. Isidore	
16	Dimanche	s. Honoré	
17	lundi	s. Pascal	
18	mardi	s. Venant	P. L.
19	mercredi	s. Yves	
20	jeudi	s. Bernardin	
21	vendredi	s. Hospice	
22	samedi	s. Emile	
23	Dimanche	s. Didier	
24	lundi	s. Donatien	
25	mardi	s. Urbain	D. Q.
26	mercredi	s. Brix	
27	jeudi	s. Hildevert	
28	vendredi	s. Germain	
29	samedi	s. Maximin	
30	Dimanche	s. Félix	
31	lundi	*Rogations*	

PENDANT CE MOIS

Les jours croissent de 1 heure 16 minutes.

LE SALON

Le jour du Vernissage, — où l'on ne vernit pas,
Pour la Parisienne il n'est d'autre patrie
Que tes hangars sans fin, Palais de l'Industrie !
Vers la halle de verre elle presse le pas.

Sous les marronniers verts, des hommes, déjà las
Des Beaux-Arts (c'est pourtant leur seule idolâtrie,
Disent-ils) sont entrain de déjeuner là-bas ;
Les vainqueurs du Salon sont sur table, on les trie.

Enfin, — bottine exquise ou ravissant soulier,
Notre Parisienne a gravi l'escalier
Et du Salon d'Honneur reçu la forte tuile !

Mais le Livret en main, ce qu'elle voit surtout,
C'est, en pleine cimaise, et conseillant son goût,
Les toilettes de mai du **Tout-Paris-à-l'Huile.**

JUIN

1	mardi	s. Pamphile	
2	mercredi	sᵉ Emilie	N. L.
3	jeudi	ASCENSION	
4	vendredi	s. Quirin	
5	samedi	s. Boniface	
6	Dimanche	s. Claude	
7	lundi	s. Lié	
8	mardi	s. Médard	
9	mercredi	sᵉ Pélagie	P. Q.
10	jeudi	Oct. de l'Ascens.	
11	vendredi	s. Barnabé	
12	samedi	*Vigile-Jeûne*	
13	Dimanche	**PENTECOTE**	
14	lundi	s. Ruffin	
15	mardi	sᵉ Modeste	
16	mercredi	*Quatre-Temps*	P. L.
17	jeudi	s. Avit	
18	vendredi	sᵉ Marine	
19	samedi	s. Gervais	
20	Dimanche	TRINITÉ	
21	lundi	s. Leufroi	
22	mardi	s. Paulin	
23	mercredi	s. Adrien	
24	jeudi	FÊTE-DIEU	D. Q.
25	vendredi	s. Prosper	
26	samedi	s. Babol	
27	Dimanche	sᵉ Adèle	
28	lundi	s. Léon II	
29	mardi	s. Pierre s. Paul	
30	mercredi	Conv. de s. Paul	

PENDANT CE MOIS

Les jours croissent de 14 minutes.

LES COURSES

C'est l'heure sainte du Grand-Prix !
L'âme avec l'œil, dans sa jumelle,
Elle veut que le Ciel s'en mêle...
« C'est pour la France ! et ses paris.

— Oh ! mon Dieu, l'Anglais tient la corde !
Non ! « Potin » le passe du nez !
Bravo, Potin ! Miséricorde !
« C'est l'Anglais ! — Non ! Potin !.. tenez ?..»

Eh ! oui, c'est Potin, cheval maigre,
Qui semble en plaqué d'acajou ;
Il est vainqueur ! — Le cher bijou !..

Les Boockmackers ont un air aigre,
Ils sont rincés, ces réjouis !
Madame a gagné vingt louis.

LES COURSES

JUILLET

1	jeudi	Octave de la F.-D.	N. L.
2	vendredi	*Visitation N.-D.*	
3	samedi	s. Thierry	
4	Dimanche	T. s. Martin	
5	lundi	se Zoé	
6	mardi	s. Tranquillin	
7	mercredi	se Aubier	
8	jeudi	s. Proco.	P. Q.
9	vendredi	s. Cyrille	
10	samedi	se Félicité	
11	Dimanche	Tr. s. Benoît	
12	lundi	s. Jean Gualbert	
13	mardi	s. Eugène	
14	mercredi	s. Bonaventure	
15	jeudi	s. Henri	
16	vendredi	se Estelle	P. L.
17	samedi	s. Thomas	
18	Dimanche	s. Vincent de P.	
19	lundi	se Marguerite	
20	mardi	s. Alexis	
21	mercredi	s. Victor	
22	jeudi	se Madeleine	
23	vendredi	s. Apollin.	
24	samedi	*Jours canicul.*	D. Q.
25	Dimanche	s. Jacques, apôtre	
26	lundi	se Anne	
27	mardi	se Nathalie	
28	mercredi	s. Samson	
29	jeudi	se Marthe	
30	vendredi	s. Abdon	
31	samedi	s. Germain l'Aux.	N. L.

PENDANT CE MOIS

Les jours décroissent de 57 minutes.

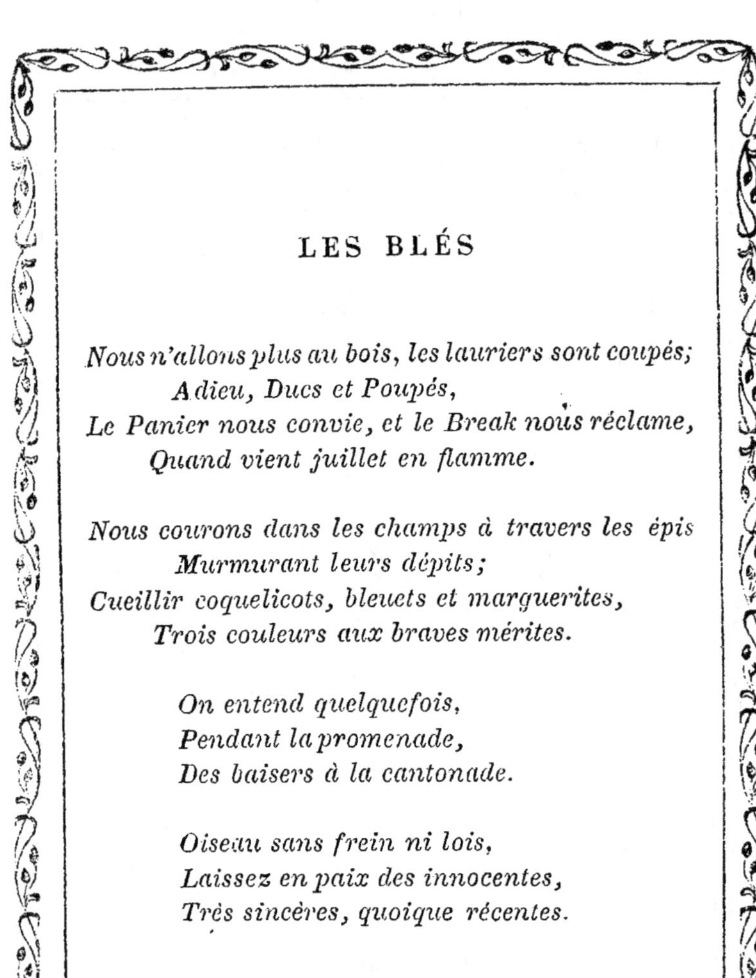

LES BLÉS

Nous n'allons plus au bois, les lauriers sont coupés;
Adieu, Ducs et Poupés,
Le Panier nous convie, et le Break nous réclame,
Quand vient juillet en flamme.

Nous courons dans les champs à travers les épis
Murmurant leurs dépits;
Cueillir coquelicots, bleuets et marguerites,
Trois couleurs aux braves mérites.

On entend quelquefois,
Pendant la promenade,
Des baisers à la cantonade.

Oiseau sans frein ni lois,
Laissez en paix des innocentes,
Très sincères, quoique récentes.

LES BLÉS

AOUT

1	Dimanche	s. Léonce	
2	lundi	s. Etienne P.	
3	mardi	Invention s. Eti.	
4	mercredi	s. Dominique	
5	jeudi	s. Yon	
6	vendredi	Transfig. de N.-S.	P. Q.
7	samedi	s Gaétan	
8	Dimanche	s. Justin	
9	lundi	s. Amour	
10	mardi	s. Laurent	
11	mercredi	s° Suzanne	
12	jeudi	s° Claire	
13	vendredi	s. Hippolyte	
14	samedi	*Vigile-Jeûne*	P. L.
15	Dimanche	ASSOMPTION	
16	lundi	s. Roch, c.	
17	mardi	s. Mammès	
18	mercredi	se Hélène	
19	jeudi	s. Louis. évèque	
20	vendredi	s. Bernard	
21	samedi	s. Privat	
22	Dimanche	s. Symphorien	D. Q
23	lundi	se Sidonie.	
24	mardi	s. Barthélémy	
25	mercredi	s. Louis, roi de F.	
26	jeudi	*Fin d. jours can.*	
27	vendredi	s. Césaire	
28	samedi	s. Auguste	
29	Dimanche	Décoll. de s. J.-B.	N. L.
30	lundi	s. Fiacre	
31	mardi	s. Ovide	

PENDANT CE MOIS

Les jours décroissent de 1 heure 5 minutes.

BAINS DE MER

Vénus sortit de l'onde, et l'on sait son succès.
Succès assez facile à faire naître en somme?
Déjà primée, elle eut un autre jour la Pomme;
Car elle avait un « truc » pour gagner son procès.

Ce « truc », on ne le peut employer dans le monde!
Or donc, aux bains de mer, le malin, le charmant,
Puisque l'on doit garder au moins un vêtement,
Ce n'est pas de sortir, mais bien d'entrer dans l'onde.

Aussi Vénus moderne, arborant la pudeur,
Tout à coup en Almée, en Sylphe, en Débardeur,
Bref, en costume fou, qu'un an elle combine,

Descend des escaliers, surgit de sa cabine,
Et marche au bal des flots d'un pas chaste et très lent.
Patience! — au retour l'habit sera collant.

6

SEPTEMBRE

1	mercredi	ss. Leu et G.	
2	jeudi	s. Lazare	
3	vendredi	s. Grégoire	
4	samedi	sᵉ Rosalie	
5	Dimanche	s. Bertin	P. Q.
6	lundi	s. Onésiphor	
7	mardi	s. Cloud	
8	mercredi	Nativ. de la S.-V.	
9	jeudi	s. Omer, évêque	
10	vendredi	sᵉ Pulchérie	
11	samedi	s. Hyacinthe	
12	Dimanche	s. Raphaël	
13	lundi	s. Maurille	P. L.
14	mardi	Exaltat. sᵉ Croix	
15	mercredi	*Quatre-Temps*	
16	jeudi	sᵉ Lucie	
17	vendredi	s. Lambert	
18	samedi	s. Jean Chrysost.	
19	Dimanche	s. Janvier	
20	lundi	s. Eustache	
21	mardi	s. Mathieu	D. Q.
22	mercredi	s. Maurice	
23	jeudi	sᵉ Thècle	
24	vendredi	s Andoche	
25	samedi	s. Firmin	
26	Dimanche	sᵉ Justine	
27	lundi	s. Côme s. Dam.	N. L.
28	mardi	s. Céran	
29	mercredi	s. Michel	
30	jeudi	s. Jérôme	

PENDANT CE MOIS

Les jours décroissent de 1 heure 45 minutes.

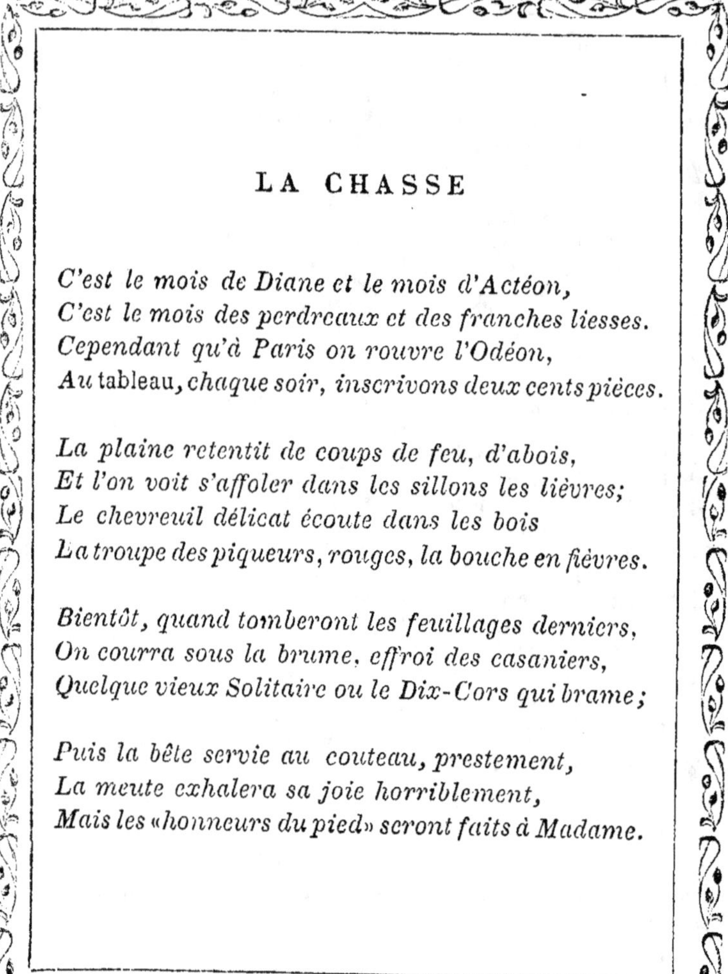

LA CHASSE

C'est le mois de Diane et le mois d'Actéon,
C'est le mois des perdreaux et des franches liesses.
Cependant qu'à Paris on rouvre l'Odéon,
Au tableau, chaque soir, inscrivons deux cents pièces.

La plaine retentit de coups de feu, d'abois,
Et l'on voit s'affoler dans les sillons les lièvres;
Le chevreuil délicat écoute dans les bois
La troupe des piqueurs, rouges, la bouche en fièvres.

Bientôt, quand tomberont les feuillages derniers,
On courra sous la brume, effroi des casaniers,
Quelque vieux Solitaire ou le Dix-Cors qui brame;

Puis la bête servie au couteau, prestement,
La meute exhalera sa joie horriblement,
Mais les «honneurs du pied» seront faits à Madame.

LA CHASSE

OCTOBRE

1	vendredi	s. Rémi, évêque	
2	samedi	ss. Anges gard.	
3	Dimanche	s. Cyprien	
4	lundi	s. François d'As.	P. Q.
5	mardi	sᵉ Aure, vierge	
6	mercredi	s. Bruno	
7	jeudi	s. Serge	
8	vendredi	sᵉ Brigitte	
9	samedi	s. Denis, évêque	
10	Dimanche	s. Paulin	
11	lundi	s. Gomer	
12	mardi	s. Vilfrid	
13	mercredi	s. Edouard	P. L.
14	jeudi	s. Calixte	
15	vendredi	sᵉ Thérèse	
16	samedi	s. Gal, évêque	
17	Dimanche	s. Florentin	
18	lundi	s. Luc, évêque	
19	mardi	s. Savinien	
20	mercredi	s. Caprais	D. Q.
21	jeudi	sᵉ Ursule	
22	vendredi	s. Népot.	
23	samedi	s. Hilarion	
24	Dimanche	s. Magloire	
25	lundi	s. Crépin s. Chr.	
26	mardi	s. Rustique	
27	mercredi	s. Frum	N. L.
28	jeudi	s. Simon s. Jude	
29	vendredi	s. Faron	
30	samedi	s. Quentin	
31	Dimanche	*Vigile-Jeûne*	

PENDANT CE MOIS

Les jours décroissent de 1 heure 44 minutes.

AU THÉATRE

Sur le fond des velours aux puissantes couleurs,
D'un Balcon où reluit l'or à pleine pépite,
Tel un grand papillon qui vibre sur les fleurs,
L'éventail, au milieu des toilettes, palpite.

Impassible, posée avec grâce (oh ! sans art !)
La belle spectatrice accepte qu'on contemple
Tout ce qu'à des mortels, groupés par le hasard,
Une déesse peut laisser voir dans son temple.

Des lorgnettes d'orchestre elle soutient le feu.
Négligemment, tournant parfois la tête un peu
Et songeant que certains sont prêts à faire un pacte

Avec le Diable, pour un clin de ses yeux pers,
Elle se dit, tout bas, qu'aux théâtres divers,
Ce qui lui plaît le mieux, franchement, c'est l'entr'acte.

AU THÉATRE

NOVEMBRE

1	lundi	TOUSSAINT	
2	mardi	*Trépassés*	
3	mercredi	s. Marcellin	P. Q.
4	jeudi	s. Charles Borr.	
5	vendredi	s. Zacharie, pape	
6	samedi	s. Léonard	
7	Dimanche	s. Florent	
8	lundi	saintes Reliques	
9	mardi	s. Mathurin	
10	mercredi	s. Juste	
11	jeudi	s. Martin, évèque	P. L.
12	vendredi	s. René	
13	samedi	s. Brice, évèque	
14	Dimanche	s. Bertrand	
15	lundi	se Eugénie	
16	mardi	s. Edme	
17	mercredi	s. Agnan	
18	jeudi	se Aude	D. Q.
19	vendredi	se Elisabeth	
20	samedi	s. Edmond	
21	Dimanche	Présent. de N.-D.	
22	lundi	s. Cécile	
23	mardi	s. Clément	
24	mercredi	se Flore	
25	jeudi	se Catherine, v.	N. L.
26	vendredi	se Geneviève d. A.	
27	samedi	s. Séverin	
28	Dimanche	*Avent*	
29	lundi	s. Saturnin	
30	mardi	s. André	

PENDANT CE MOIS

Les jours décroissent de 1 heure 13 minutes.

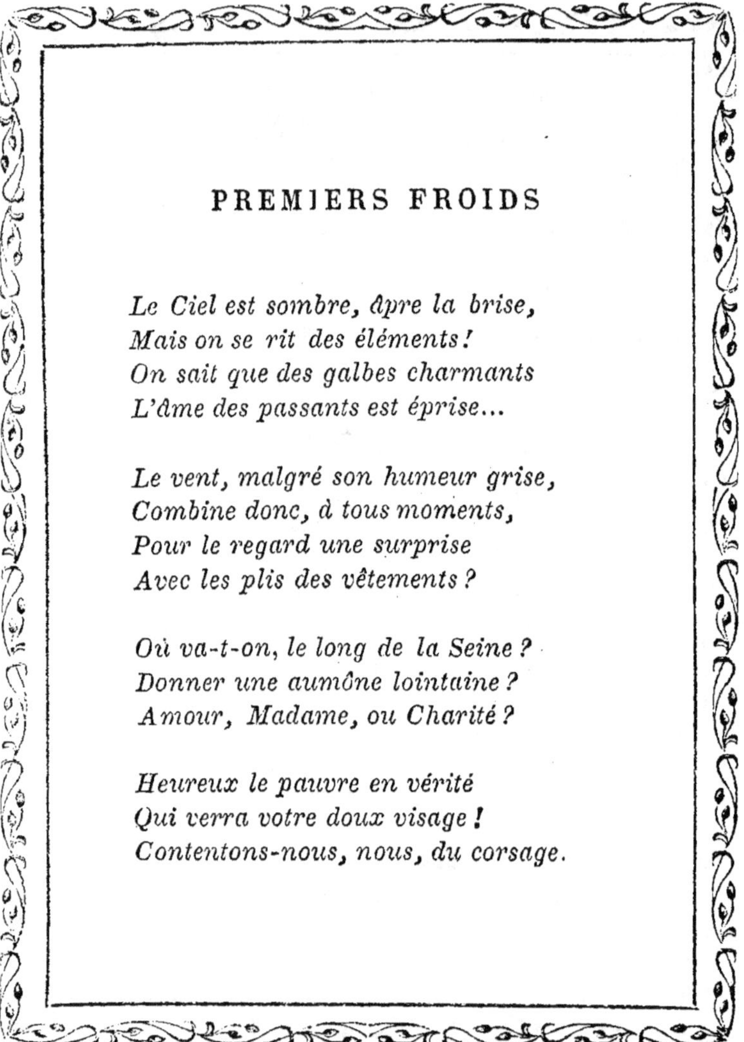

PREMIERS FROIDS

Le Ciel est sombre, âpre la brise,
Mais on se rit des éléments !
On sait que des galbes charmants
L'âme des passants est éprise...

Le vent, malgré son humeur grise,
Combine donc, à tous moments,
Pour le regard une surprise
Avec les plis des vêtements ?

Où va-t-on, le long de la Seine ?
Donner une aumône lointaine ?
Amour, Madame, ou Charité ?

Heureux le pauvre en vérité
Qui verra votre doux visage !
Contentons-nous, nous, du corsage.

PREMIERS FROIDS

DÉCEMBRE

1	mercredi	s. Eloi	
2	jeudi	se Aurélie	
3	vendredi	s. François Xav.	P. Q.
4	samedi	se Barbe	
5	Dimanche	s. Sabas	
6	lundi	s. Nicolas	
7	mardi	se Fare, vierge	
8	mercredi	CONCEPT. N.-D.	
9	jeudi	s. Gorgon	
10	vendredi	se Valère	
11	samedi	s. Daniel	P. L.
12	Dimanche	s. Valéry	
13	lundi	se Luce, vierge	
14	mardi	s. Nicaise	
15	mercredi	*Quatre-Temps*	
16	jeudi	se Adelaïde	
17	vendredi	s. Lazare	
18	samedi	s. Gatien	D. Q
19	Dimanche	s. Meurieu.	
20	lundi	s. Théophile	
21	mardi	s. Thomas, apôtre	
22	mercredi	s. Honorat	
23	jeudi	se Victoire	
24	vendredi	*Vigile-Jeûne*	
25	samedi	NOEL	N. L.
26	Dimanche	s. Etienne	
27	lundi	s. Jean, évangél.	
28	mardi	ss. Innocents	
29	mercredi	s. Trophime	
30	jeudi	s. Sabin	
31	vendredi	s. Sylvestre, pape	

PENDANT CE MOIS

Les jours décroissent de 21 minutes.

PATINAGE

Tu l'emportes enfin, Cercle des Patineurs !
Oui, malgré tes avis dans les feuilles publiques,
Pour la première fois, il gèle ! — et des honneurs
Attendent les patins, — qui se faisaient reliques.

Drapeaux, Buffet, Chauffoir, Lumières électriques !
Sur le cristal glacé s'enrhument les gêneurs,
Hurrah ! — sous la fourrure, et rose en ses bonheurs,
La femme devient reine — au nez des Lois saliques.

Le traîneau qui dormait sous la remise en sort,
Conduit par un Monsieur qui s'est fait une tête
De Magnat, de Poyard, voire de simple Lord.

« N'appuyez pas ! Glissez, mortels ! » — Courte est la
    fête.
Arborez les habits à brandebourg du Nord,
Et que le Lac ressemble au ballet du « Prophète ! »

PATINAGE

Imprimeur : CHAMEROT. — 1 vol. in-18
carré ; — in-18 jésus en grand papier.

Monument du Costume pour
servir à l'Histoire des mœurs et du
Costume en France dans le XVIII⁰ siècle.
— Notices sur MOREAU LE JEUNE et FREU-
DENBERGER, par PHILIPPE BURTY et JOHN
GRAND-CARTERET. — 1 volume grand
in-8⁰, tiré sur Japon et sur Hollande.
Le texte entièrement gravé sur cuivre est
la réimpression textuelle de l'original.
Les estampes, non compris les tables
qui sont elles-mêmes des gravures,
sont au nombre de 40, gravées au
burin et à l'eau-forte par H. DUBOU-
CHET, d'après MOREAU LE JEUNE et
FREUDENBERGER.

**La Chanson des nouveaux
Époux,** par Madame ADAM (JULIETTE-
LAMBER), 1 portrait gravé par BURNEV et
10 grandes compositions de BENJAMIN
CONSTANT, GUSTAVE DORÉ, ÉDOUARD DE-
TAILLE, JEAN-PAUL LAURENS, FERNAND
LEMATTE, HECTOR LE ROUX, JULES
LEFEBVRE, AIMÉ MOROT, MUNKACSY,
ÉDOUARD TOUDOUZE, gravées sous la
direction de LAGUILLERMIE par LEFORT,
YON, MERCIER, COURTRY, ABOT, BOULARD

fils, Vion, Boisson, Monsanto, Duvivier.
— Imprimeur : Chamerot. — 1 vol. in-4º
jésus, sur Japon et sur Hollande.

Mademoiselle de Maupin, par
Théophile Gautier. Notice bibliogra-
phique par M. Charles de Lovenjoul.
1 portrait gravé par Burney, d'après
Célestin Nanteuil, 2 fleurons de titres
(portraits de d'Albert et de La Maupin),
gravés par Champollion, d'après Louis
Leloir. — Imprimeur : Chamerot. —
2 vol. in-8º cavalier ; in-8º raisin en
grand papier, et 18 compositions hors
texte de G. Toudouze, gravées à l'eau-
forte par Champcllion.

La Chartreuse de Parme, par de
Stendhal (Henri-Beyle). — Préface de
Francisque Sarcey. — 1 frontispice et
31 vignettes dessinés et gravés à l'eau-
forte par Valentin Foulquier. — Imprimeur : A. Lahure. — 2 vol. in-8º cavalier ; — in-8º raisin en grand papier.

Le Rouge et le Noir, par de
Stendhal (Henri Beyle). — Préface de
Léon Chapron. — 80 eaux-fortes (dont
1 portrait), dessinées et gravées par
H. Dubouchet. — Imprimeur : A. Lahure.
— 3 vol. in-8º cavalier ; in-8º raisin en
grand papier.

Sous Bois, par André Theuriet. — Avant-propos de l'auteur et préface de Jules Claretie. — 78 compositions de H. Giacomelli, gravées sur bois par Berveiller, Froment, Méaulle et Rouget. — Imprimeur : Chamerot. — 1 vol. petit in-8º ; — in-8º cavalier en grand papier.

Les Œillets de Kerlaz, par André Theuriet. — Édition originale illustrée par Giacomelli et Rudaux. — 4 compositions hors texte dessinées et gravées par Rudaux ; — 8 en-têtes et culs-de-lampe dessinés par Giacomelli, et gravés à l'eau-forte par T. de Mare. — Imprimeur : Hérissey, d'Évreux. — 1 vol. in-18 sur vergé et grand in-18 sur Japon.

Marie ou le Mouchoir bleu, par Étienne Béquet, avec notice littéraire par Racot. — 6 compositions (1 en-tête, 4 hors-texte et 1 cul-de-lampe), dessinées par De Sta et gravées par Abot. — Imprimeur : A. Lahure. — 1 vol. in-18 carré sur vergé et en grand papier sur vélin blanc.

Le Violon de Faïence, par Champfleury. — Avant-propos de l'auteur. — 33 eaux-fortes de Jules Adeline, —

Imprimeur : A. Lahure. — 1 vol. in-8°
écu, tiré sur vélin teinté à la forme et
sur Japon.

Fromont jeune et Risler aîné,
par Alph. Daudet. — Notice littéraire
par G. Geffroy. — 12 compositions
hors-texte de E. Bayard, gravées par
F. Massard. — Imprimeur : Chamerot.
— 2 vol. petit in-8° ; — in-8° cavalier
en grand papier.

Nouveaux contes à Ninon, par
Émile Zola. — 1 frontispice et 30 en-
têtes dessinés et gravés par E. Rudaux. — Imprimeur : Renaudet. —
2 vol. petit in-8° ; — in-8° cavalier en
grand papier.

La Mionette, par Eugène Muller. —
2 frontispices et 26 dessins de Cortazzo,
gravés à l'eau-forte par Abot et
F. Clapes et tirés dans le texte. —
Imprimeur : A. Lahure. — 1 vol.
in-18 sur vélin teinté, grand in-18 en
grand papier.

Voyage de Normandie, par J. F.
Regnard. — Préface par G. Bourbon. —
Illustrations en couleur de Ch. Denet.
— Imprimeur : Ch. Hérissey, d'Évreux.
— 1 vol. petit in-18 carré, tiré à

300 exemplaires et imprimé sur papier du Japon. Prix . . . . 6 fr.

Un maître d'armes sous la Restauration, par Vigeant. — 1 portrait de Jean Louis (eau-forte de Courtry) et vignettes gravées sur bois par Pannemaker. — Imprimeur : Motteroz. — 1 vol. in-8º écu.

Duels de maîtres d'armes, par Vigeant. — 1 portrait gravé à l'eau-forte par Courtry et vignettes sur bois par Pannemaker. — Imprimeur : Motteroz. — 1 vol. petit in-8º.

Bagatelles, par Albert Semiane. — Poésies. — 3 eaux-fortes (1 frontispice, 1 en-tête et 1 cul-de-lampe), de Paul Avril. — Imprimeur : Renaudet. — 1 vol. in-16 tiré à 75 exemplaires, dont 40 mis dans le commerce.

Bécasse, par Paul Reveilhac. — 1 frontispice à l'eau-forte et dessins dans le texte par Jules Haro. — Imprimeur : Hérissey. — 1 vol. in-12, tiré à 200 exemplaires, dont 30 mis dans le commerce.

OUVRAGES DE BIBLIOGRAPHIE

Bibliographie de l'Œuvre de P. J. de Béranger, par JULES BRIVOIS. — Imprimeur : MOTTEROZ. — 1 vol. in-8º.

Bibliographie des ouvrages illustrés du XIXᵉ siècle, par JULES BRIVOIS. — Imprimeur : BERGER-LEVRAULT. — 1 vol. in-8º.

Bibliographie de l'escrime ancienne ou moderne, par VIGEANT, Vignettes de PANNEMAKER. — Imprimeur : MOTTEROZ. — 1 vol. in-8º écu.

Les Graveurs du XIXᵉ siècle. — Guide de l'amateur d'estampes modernes par HENRI BÉRALDI. — Dictionnaire alphabétique descriptif de l'œuvre de chaque graveur. — Imprimeur : DANEL, de Lille. — L'ouvrage, de format in-8º, comprendra environ 10 fascicules de 120 à 180 pages chacun ; ces fascicules se vendront séparément et auront chacun leur pagination. — Les fascicules 1, 2 et 3 sont parus.

ESTAMPES

1 frontispice et 8 vignettes dessinés par E. MAS et gravés par MASSARD, pour illustrer la *Famille Cardinal*, par LUDOVIC HALÉVY.

1 Frontispice et 8 vignettes dessinés par S. ARCOS et gravés par A. NARGEOT, pour illustrer *Carmen*, par PROSPER MÉRIMÉE.

1 Frontispice et 14 vignettes dessinés par HENRIOT et gravés par CLAPÈS pour illustrer *Julia de Trécœur*, par OCTAVE FEUILLET.

1 Portrait, 4 grandes gravures et 2 vignettes dessinés par C. DELORT et gravés par BOISSON, pour illustrer le *Colonel Chabert*, par H. DE BALZAC.

1 Frontispice et 10 vignettes dessinés par DE STA et MARTIN et gravés par A. NARGEOT, pour illustrer les *Histoires d'Hiver*, du Comte DE VOGUÉ.

25 Eaux-fortes de T. DE MARE et LURAT, d'après FRAGONARD, pour illustrer toutes les éditions des *Contes de la Fontaine*.

76 Eaux-fortes originales de DELIERRE,

pour illustrer toutes les éditions des *Fables de la Fontaine.*

22 En-têtes de Delierre, pour illustrer toutes les éditions des *Fables de la Fontaine.*

1 Portrait d'après Lemire et 3 eaux-fortes d'après Lebarbier, gravés par A. Nargeot, pour illustrer toutes les éditions des *Confessions de J.-J. Rousseau.*

8 Eaux-fortes originales de A. Lalauze, pour illustrer toutes les éditions de *Paul et Virginie.*

11 Eaux-fortes originales de A. Lalauze, pour illustrer toutes les éditions de *Faust.*

60 Bois (en-têtes et culs-de-lampe) dessinés par Vogel et Scott), gravés par Méaulle, pour illustrer toutes les éditions de *Faust.*

9 Eaux-fortes originales de Laguillermie et tous les en-têtes et culs-de-lampe de l'édition de Quantin, pour illustrer *Benvenuto Cellini.*

7 Eaux-fortes originales de A. Lalauze, pour illustrer les *OEuvres de Millevoye.*

6 Eaux-fortes (1er état presque au trait)
de H. DUBOUCHET, d'après MONSIAU,
pour illustrer toutes les éditions du
Voyage sentimental de Sterne.
Portraits et frontispices divers.

EN PRÉPARATION ET EN SOUSCRIPTION

Sylvie, par GÉRARD DE NERVAL. —
Préface de LUDOVIC HALÉVY. — 1 vol.
in-18 en petit et grand papier, illustré
de 43 eaux-fortes originales de E.
RUDAUX.

Nouvelles et Contes, par ALFRED
DE MUSSET. — 1 vol. in-8º illustré de
1 portrait et 5 compositions hors texte
gravés à l'eau-forte par D. MORDANT,
d'après F. FLAMENG.

La Canne de M. Michelet.
(*Les Héros inconnus*), par JULES
CLARETIE. — Préface de PAUL DÉROU-
LÈDE. — 1 vol. petit in-8º illustré de 12
grandes compositions de P. JAZET,
gravés à l'eau-forte par H. TOUSSAINT.

1 Frontispice et 12 vignettes dessinés et gravés par Géry Bichard, pour illustrer le *Nez d'un Notaire*, par Ed. About.

1 Frontispice et 12 vignettes pour illustrer le *Drapeau*, de Jules Claretie.

ÉVREUX, IMPRIMERIE DE CHARLES HÉRISSEY

* 9 7 8 2 3 2 9 6 9 0 7 7 3 *